BEI GRIN MACHT SICH IHR WISSEN BEZAHLT

- Wir veröffentlichen Ihre Hausarbeit, Bachelor- und Masterarbeit

- Ihr eigenes eBook und Buch - weltweit in allen wichtigen Shops

- Verdienen Sie an jedem Verkauf

Jetzt bei www.GRIN.com hochladen und kostenlos publizieren

GRIN

Bibliografische Information der Deutschen Nationalbibliothek:

Die Deutsche Bibliothek verzeichnet diese Publikation in der Deutschen National-
bibliografie; detaillierte bibliografische Daten sind im Internet über http://dnb.d-
nb.de/ abrufbar.

Impressum:

Copyright © 2015 GRIN Verlag, Open Publishing GmbH
Druck und Bindung: Books on Demand GmbH, Norderstedt Germany
ISBN: 978-3-656-93047-1

Anika Heinrich

Sinn und Nutzen des E-Mail Marketings

GRIN Verlag

GRIN - Your knowledge has value

Der GRIN Verlag publiziert seit 1998 wissenschaftliche Arbeiten von Studenten, Hochschullehrern und anderen Akademikern als eBook und gedrucktes Buch. Die Verlagswebsite www.grin.com ist die ideale Plattform zur Veröffentlichung von Hausarbeiten, Abschlussarbeiten, wissenschaftlichen Aufsätzen, Dissertationen und Fachbüchern.

Besuchen Sie uns im Internet:

http://www.grin.com/

http://www.facebook.com/grincom

http://www.twitter.com/grin_com

Fachbereich Ingenieur- und Wirtschaftswissenschaften

M.A. - Studiengang Wirtschaft

Hauptseminar zur Wirtschaftsinformatik

Sinn und Nutzen des E - Mail Marketings

Hausarbeit

von

Anika Heinrich

Inhaltsverzeichnis

1 Einleitung

Im Zeitalter der Mobiltelefone und Tablets sowie Netbooks, nutzen immer mehr Menschen die Möglichkeit täglich und zu mehreren Tageszeiten ihr E-Mail-Programm aufzurufen und auf neu eingetroffene E-Mails zu überprüfen. Die 14 bis 49 jährigen nutzen im Durchschnitt jeden Tag 26 Minuten das Internet, um E-Mails zu lesen oder zu schreiben. Die unter 14 jährigen verbringen dagegen nur 20 Minuten täglich mit dem Lesen und Schreiben von E-Mails.[1]

Darüber hinaus wird das E-Mail-Marketing von 88 Prozent der Unternehmen genutzt, um die Internet-User auf ihr Produkt aufmerksam zu machen und diese über ihr Produkt zu informieren.[2] Die vorliegende Arbeit beschäftigt sich mit der Frage des Nutzens, der sich für die Unternehmen durch das E-Mail-Marketing ergibt.

Im ersten Teil der Arbeit werden die Begriffe „E-Mail" und „E-Mail-Marketing" definiert und anschließend die Formen des E-Mail-Marketings dargestellt. Im darauffolgenden Kapitel geht es um den Sinn und Nutzen des E-Mail-Marketings. Darüber hinaus werden die Ziel- und Erfolgsfaktoren des E-Mail-Marketings dargestellt. Anschließend wird der Aufbau eines Newsletters zur erfolgreichen Kundengewinnung erklärt. Im darauffolgenden Kapitel geht es um die rechtlichen Grundlagen. Im nächsten Kapitel wird auf die benutzerfreundliche Gestaltung des Newsletters eingegangen. Im vorletzten Kapitel geht es um die Adressgewinnung und Pflege von Kundendaten. Die vorliegende Arbeit schließt mit der Darstellung der wichtigsten Vorteile des E-Mail-Marketings und dem Fazit ab.

2 Grundlagen des E-Mail-Marketings

2.1 Definition E-Mail

E-Mail ist eine Abkürzung für Electronic Mail. Es handelt sich dabei um einen Dienst im Internet mit dem Textnachrichten sowie digitale Daten in Form eines Anhangs an einen ausgewählten Empfänger versendet werden können. Die Nachrichten können dabei an einen einzelnen oder an mehrere Empfänger versendet werden. Die E-Mail Nachricht ist nach Multipurpose Internet Mail Extensions (MIME) -Standard aufgebaut. Dadurch ist es möglich nicht nur reine Textnachrichten sondern auch HTML-Nachrichten und Dateianhänge zu versenden. Grundlegende Protokolle für den Versand wie SMTP (Simple Mail Transfer Protocol) und für den Empfang wie IMAP (Internet Message Protocol) und POP3 (Post Office Protocol Version 3) kommen zum Einsatz. Eine E-Mail-Anwendung beinhaltet einen Mailing Server. Dieser archiviert

---

[1] Vgl. Statista (2015), Web.
[2] Vgl. Schwarz, T. (2015), Web.

die Nachrichten und steuert den Versand. Außerdem besteht die E-Mail-Anwendung aus einem client-seitigen Mailing-Programm zur Erstellung und zum Versand elektronischer Nachrichten. E-Mail ist eine der am häufigsten genutzten Dienste, noch vor dem World Wide Web. Die Vorteile sind die Universalität und Geschwindigkeit des E-Mail Dienstes, allerdings stehen den Vorteilen eine mangelnde Sicherheit sowie ein häufiger Missbrauch gegenüber.[3]

2.2 Definition E-Mail-Marketing

E-Mail-Marketing ist eine Form des Direktmarketings und wird eingesetzt, um Interessenten auf neue Produkte des Unternehmens oder auf Informationen aus dem unternehmerischen Umfeld aufmerksam zu machen. In der Regel wird dazu ein Newsletter an den jeweiligen Interessenten verschickt. Das Ziel ist neue Kunden zu gewinnen und bestehenden Kundenbeziehungen zu festigen.[4]

Beim Versenden von E-Mails an Kunden sind stets die gesetzlichen Vorgaben zu beachten, denn E-Mails dürfen nur nach vorherigem Einverständnis des Kunden versendet werden. Dieses gibt er bei seiner Registrierung ab.[5]

Der Versand des Newsletters erfolgt mittels einer speziellen Software, das an das Redaktionssystem angebunden ist. Mit dem Redaktionssystem werden die Inhalte des Werbeangebots gepflegt. Eine andere Möglichkeit für den Versand der E-Mails besteht darin, externe Anbieter für den Versand der Newsletter zu beauftragen. Es muss ein Adressverteiler hinterlegt sein, der die E-Mail Adressen der registrierten Empfänger enthält.[6]

Ziel des E-Mail-Marketings ist es, einen Platz im Gedächtnis des Kunden zu erhalten. Dies erfolgt durch das regelmäßige versenden von Newslettern. Dabei müssen einige Erfolgsfaktoren beachtet werden, auf welche in den nächsten Kapiteln im Rahmen dieser Arbeit eingegangen wird. [7]

2.3 Formen des E-Mail-Marketings

Push-Marketing
Wenn die Initiative vom Unternehmen ausgeht, wird dies als Push-Marketing bezeichnet.

---

[3] Vgl. Lackes, R. (2011), Web.
[4] Vgl. Müller, D. (O. J.), Web.
[5] Vgl. ebd., Web.
[6] Vgl. ebd., Web.
[7] Vgl. ebd., Web.

Unter Push-Marketing fällt z. B. Bannerwerbung, der sich ein Internetsurfer nicht entziehen kann. Der Konsument wird auf ein Produkt „gestoßen", mit dem Ziel Aufmerksamkeit zu erregen.[8]

Pull-Marketing

Wird der Interessent selbst aktiv und meldet sich für einen Newsletter an, wird dies als Pull-Marketing bezeichnet. Der Internetuser soll eigenständig einen Service nutzen bzw. selbst aktiv werden. Daher müssen die Werbebotschaften für den Interessenten so interessant gestaltet sein, dass dieser eigenständig weitere Informationen über das Unternehmen aus dem Internet heraussuchen möchte. Weiterhin sollte der Nutzen des Produktes für den Interessenten immer im Mittelpunkt stehen. Außerdem sollte der Bestellvorgang für den Interessenten einfach zu handhaben sein, der Service hilfreich und der Besucher einen guten Grund bekommen die Webseite erneut zu besuchen. Instrumente für das Pull-Marketing liefert die Technologie des Web 2.0, zum Beispiel Wikis, Blogs oder Podcasts.[9]

Push- und Pull-Marketing sind Marketingformen die beide zusammen angewendet werden sollten. Denn Henry Ford stellte schon fest:" Enten legen ihre Eier in Stille. Hühner gackern dabei wie verrückt. Was ist die Folge? Alle Welt isst Hühnereier."[10]

2.4 E-Mail Körper: Newsletter-Struktur

E-Mail-Marketing wird verwendet um einen treuen Kundenstamm aufzubauen sowie Umsätze zu erzielen und spielt heute noch eine bedeutende Rolle. Die MCKinsey iConsumer Umfrage ergab, dass das E-Mail-Marketing sowie das Newsletter-Marketing sprechen die Kunden 40-mal effektiver an als Facebook und Twitter zusammen.[11]

1. Die Konzeptplanung: Die ersten Schritte zum Newsletter

   Die Planung eines Newsletters muss gut überlegt sein, denn gegenüber den Abonnenten wird die Verpflichtung eingegangen, sie regelmäßig über neue Angebote zu informieren. Folgende Fragen sollten zur Planung beantwortet werden:

   - Wer ist meine Zielgruppe?
   - Wie spreche ich meine Zielgruppe an?
   - Verwende ich einen individuellen Newsletter oder einen Standardnewsletter?
   - Wie rufen die Empfänger ihren Newsletter ab, mobil oder am PC?

---

[8] Vgl. Leipner, I. (O. J.), Web.
[9] Vgl. ebd., Web.
[10] Leipner, I. (O. J.), Web.
[11] Vgl. Stockmeier, S. (2014), Web.

- Welche Inhalte möchte ich an meine Kunden weitergeben?

Erst danach sollte der Bearbeiter mit der Planung des Newsletters fortfahren, dabei ist der Zeitaufwand nicht zu unterschätzen.

2. Die Anmeldung: Der Newsletter wird erst abonniert, nachdem sich der Interessent für den Newsletter angemeldet hat. Daher sollte der Anmeldeprozess so einfach wie möglich gestaltet werden. Für die Anmeldung reicht es völlig, den Namen und die E-Mailadresse des Interessenten abzufragen. Längere Formulare können abschreckend wirken. Durch das Opt-in-Verfahren, muss der Kunde seine Anmeldung für das Abonnement zusätzlich über seinen persönlichen E-Mail Account bestätigen.

3. Die Inhalte: Das Ziel sollte sein, dem Kunden einen echten Mehrwert zu bieten, indem die richtige Balance zwischen der Produktvorstellung und den weiterführenden Inhalten gefunden wird. Oftmals wird das 1:2 Verhältnis empfohlen d. h., dass auf einen Produktwerbebeitrag zwei informative Beiträge folgen sollten.

Mögliche Inhalte für B2C können Tipps rund um die Produkte sein, Bedienhinweise und Anleitungen, Empfehlungen für Zubehör, Neuheiten und Trends oder Rabatt und Aktionen. Inhalte für B2B können Fachinformationen sein, Messeberichte, Branchenspezifische Berichte, Trends und Neuheiten der Branche oder Produktvorstellungen in geringem Maße. Um den Interessenten anzusprechen, sollten alle Möglichkeiten der Individualisierung genutzt werden. So beginnt der Newsletter mit einer persönlichen Ansprache (Sehr geehrte/r Herr/Frau...) und setzt im Rahmen der Individualisierung bei den Inhalten fort. Diese sind direkt auf das Kaufverhalten des Interessenten zugeschnitten. Schließlich wird kein Interessent für Übergrößen eine Hose in der Größe XXS kaufen. Bezüglich der Artikellänge, sollte darauf geachtet werden, dass lange Textblöcke auf ein Minimum reduziert werden. Denn meist reichen kurze Meldungen aus, um dem Interessenten alle wichtigen Informationen mitzuteilen. Weniger ist hier mehr. Um dem Interessenten trotzdem längere Artikel anbieten zu können, kann ein Teaser im Newsletter eingebunden werden. Der Teaser leitet den Interessenten über einen Link auf die Homepage des Unternehmens.

4. Die Betreffzeile: Die Betreffzeile ist das womöglich wichtigste Instrument eines Newsletters, denn anhand der Betreffzeile entscheiden die Interessenten ob sie diese E-Mail öffnen oder ob sie diese in den Papierkorb oder Spamordner schieben. Studien wie jene von retention Science oder Informz.Inc belegen, dass die Anzahl der Zeichen einen großen Einfluss auf die Öffnungsrate hat: Je kürzer die Betreffzeile, desto mehr Interessenten öffnen die E-Mail. Die Zeichenanzahl schwankt zwischen 10 und 60 Zeichen. Viele E-Mail-Clienten kürzen die Betreffzeile, so ist es von besonderer Bedeutung die Schlüsselwörter direkt an den Anfang zu setzen wie z. B. 30% Rabatt oder

ähnliches. Darüber hinaus erhöht sich die Öffnungsrate, wenn mit zeitlicher Verknappung gearbeitet wird z. B. „Nur noch 1 Woche". So wird der Newsletter sofort geöffnet und gerät nicht in Vergessenheit. Zusätzlich sollte auf die Wortwahl geachtet werden, damit der Newsletter nicht automatisch im Spamordner landet. Typische Spamwörter wie „Supersonderangebot" oder „Geld zurück" und zu viele Sonderzeichen und Großschreibung sollten vermieden werden. Ansonsten erkennt der Spamfilter diesen Newsletter aufgrund der falsch gewählten Betreffzeilen als Spam und kennzeichnet diesen als solche.

5. Die Gestaltung: Newsletter können als HTML oder als Plain Text verschickt werden. Beim HTML-Format können Bilder in den Newsletter integriert werden sowie Links und Schriften mit Stilelementen. Bei Newslettern im Plain-Text-Format wird dem Empfänger reiner Text angezeigt. Beim Plain-Text-Format besteht eine geringe Gefahr, dass die Mail als Spam markiert wird. Außerdem werden lange Wartezeiten vermieden. Die einzelnen Bestandteile des Newsletters werden im Folgenden aufgeführt:

   a. Header: Ein Logo direkt am Anfang des Newsletters kann Vertrauen beim Empfänger des Newsletters schaffen, da er den Absender der Nachricht erkennt. Das erste präsentierte Produkt entscheidet darüber ob der Empfänger die weiteren Teile des Newsletters liest, daher muss das Hauptprodukt ganz oben platziert werden.

   b. Bilder: Da viele Mail-Clienten die Bilder unterdrücken sollte sparsam mit Bildern umgegangen werden und der Einsatz gezielter erfolgen. Bunte und belebte Bilder fesseln den Leser mehr als langweilige und kühle Bilder und Töne. Werden weniger Bilder eingesetzt, verkürzen sich die Ladezeiten des Newsletters.

   c. Body: Der Text sollte kurz und informativ sein. Wünscht der Interessent weitere Informationen, kann er durch einen Link auf die Homepage weitergeleitet werden.

   d. Footer: Im Schlussteil des Newsletters befinden sich das Impressum, andere weniger wichtige Informationen sowie der Abmeldelink für den Newsletter. Dieser darf auf keinen Fall fehlen.

6. Die Zeitplanung: Wie regelmäßig muss der Newsletter erscheinen?

   Wie häufig ein Newsletter verschickt werden sollte hängt von der Art des Shops, von der Zielgruppe (z.B. B2B oder B2C), von der Art der Produkte und von der Erwartungshaltung, die bei den Kunden bei ihrer Anmeldung für den Newsletter ausgelöst wurde, ab. Newsletter sollten verschickt werden, um den Kunden an das Produkt und die Firma zu erinnern und über neue Produkte sowie Aktionen zu informieren. Dementsprechend häufig sollte der Newsletter versendet werden. Der Newsletter dient nicht dazu den Kunden zu belästigen bzw. zu spammen.

Der Newsletter-Versand sollte bei einem großen Kundenstamm nach außen verlagert werden. Es gibt Firmen, die die Dienstleistung anbieten, E-Mail-Adresslisten mit über hundert Kontaktdaten anzulegen und die E-Mails zu individualisieren. So verlieren die Newsletter Herausgeber nicht den Überblick und können sich auf die Kernaktivitäten ihres Unternehmens konzentrieren.[12]

2.5 Rechtliche Grundlagen

Die Voraussetzung um E-Mail Werbung versenden zu dürfen, ist gemäß des Gesetzes gegen den unlauteren Wettbewerbs, die Einverständnis des Empfängers. Diese Tatsache gilt sowohl für Geschäfts- sowie auch Privatkunden und wird als Opt-in bezeichnet. Als Werbung wird jede Maßnahme bezeichnet, die zur Absatzförderung dient. So auch die Nachfrage beim Kunden ob ein Interesse am Newsletter des eigenen Unternehmens besteht.[13]

Eine Einwilligungserklärung des Empfängers ist dann vollständig wenn dieser, sie freiwillig und in Form einer spezifischen Angabe z. B. durch das Setzen eines Häkchens tätigt. Außerdem müssen dem Empfänger die Reichweite und der Inhalt der Mailings klar sein. Sodass dieser weiß worin er einwilligt. Weiterhin muss die Einwilligung abgegrenzt von anderen Einwilligungen wie in die Allgemeinen Geschäftsbedingungen, erfolgen.[14]

Mustertext: „[ ] Ja, ich bin damit einverstanden, von der Firma Mustermann GmbH den wöchentlichen Newsletter zu neuen Musterwaren zugesandt zu bekommen. Das Einverständnis kann ich jederzeit widerrufen; in jeder E-Mail befindet sich ein Hinweis. [Datenschutz-Link mit Infos darüber, welche Daten zu welchem Zweck erhoben werden und welche Rechte der Adressat – abgesehen vom Widerspruchsrecht – noch hat.[ ]"[15]

Unwirksam sind Einwilligungserklärungen, wenn dem Empfänger die Reichweite und der Inhalt der Mailings nicht klar vermittelt werden. Zudem sind ein passives Einverständnis (Opt-out) sowie eine Einwilligungserklärung mit vorangekreuztem Häkchen (Opt-out) unwirksam.[16]

Ein Mustertext für ein passives Einverständnis: „[ ] Hier ankreuzen, wenn Sie damit nicht damit einverstanden sind, Werbemails von uns zu erhalten."[17]

---

[12] Vgl. Stockmeier, S. (2014), Web.
[13] Vgl. Kulka, R. (2013), S. 714-715.
[14] Vgl. ebd., S. 714-715.
[15] Ebd., S. 738-739.
[16] Vgl. ebd., S. 738-739.
[17] Ebd., S. 739.

Ein Mustertext für ein vorangekreuztes Häkchen:"[X] Ich möchte auch den Newsletter abonnieren. (Häkchen entfernen, falls nicht)."[18]

Das Soft Opt-in ist eine Ausnahme, die sich aus § 7 Abs. 3 UWG ergibt. Der Versandt von E-Mail-Werbung ist hierbei ohne aktive Zustimmung des Empfängers möglich. Dazu müssen die vier Voraussetzungen, die im Gesetzestext genannt sind erfüllt sein.[19]

Bevor die Adresse des Empfängers erhoben wird, muss dieser einen Hinweis zur kostenlosen Abbestellmöglichkeit der E-Mail-Werbung erhalten. Weiterhin müssen dem Nutzer Informationen zum Zweck der Datenspeicherung sowie zu seinen Rechten zukommen.[20]

Bei einem Streitfall, muss der Versender das Opt-in nachweisen. Dieser Nachweis kann nur erbracht werden, wenn ein Double-Opt-in-Verfahren durchgeführt wurde sowie die Umstände der Anmeldung mit Sorgfalt dokumentiert wurden. Inhalt der Dokumentation sind beispielsweise Zeitpunkt und IP-Adresse der Anmeldebestätigung, Quelle sowie Screenshots des Vorgangs.[21] Das Double-Opt-in-Verfahren bezeichnet ein Verfahren bei dem der Empfänger nach der Registrierung eine Aktivierungs-Mail erhält. In dieser wird der Empfänger darum gebeten, die Anmeldung zur Sicherheit noch einmal zu bestätigen. Mit dem Double-Opt-in ist eine doppelte Beitrittsbekundung gemeint.[22]

Inhalt jeder Werbe-Mail muss ein Impressum sowie eine Abmeldemöglichkeit sein. Die Abmeldung muss einfach und ohne Log-in-Erfordernis erfolgen.
Der Versender muss die Austragung der betreffenden E-Mail-Adresse veranlassen und alle vorhandenen Daten des Empfängers löschen.[23]

Einer Einwilligung durch den Empfänger bedarf auch die Profilerstellung über die Newsletter-Nutzung, mit Reaktionsdaten wie Klicks und Öffnungen. Das Einverständnis durch den Empfänger muss bewusst und eindeutig vor der Profilierung und Protokollierung seiner Daten durch den Sender erfolgen.[24]

---

[18] Kulka, R. (2013), S. 739.
[19] Vgl. ebd., S. 756.
[20] Vgl. ebd., S. 756.
[21] Vgl. ebd., S. 715.
[22] Vgl. ebd., S. 204.
[23] Vgl. ebd., S. 715.
[24] Vgl. ebd., S. 715.

Das Werbeeinverständnis kann verfallen, wenn es lange Zeit nach der Anmeldung des Empfängers durch den Sender verwendet wird.[25] „Das Landesgericht München erklärte im Urteil vom 08.04.2010 (Az. 17 HK O 138/10), dass >>[e]ine einmal erteilte Einwilligung [?] mit Ablauf eines längeren Zeitraums ihre Aktualität [verliert]. Dies ist ebenfalls der Fall, sofern zwischen der Erteilung der Einwilligung und der Versendung der E-Mail ein Zeitraum von etwas mehr als 1 ½ Jahre liegt.<<"[26]

Wenn im Einwilligungstext mit aufgenommen wird, dass das Opt-in bis auf Widerruf des Abbonenten gilt, kann die Gefahr des Opt-in-Verfalls bei Nicht-Gebrauch gesenkt werden.[27]

Eine Gewinnspiel-Teilnahme sollte nur mit Vorsicht mit einem Einverständnis für E-Mail-Werbung gekoppelt werden. Das Kopplungsverbot lautet wie folgt:

„Die verantwortliche Stelle darf den Abschluss eines Vertrags nicht von der Einwilligung [...] abhängig machen, wenn dem Betroffenen ein anderer Zugang zu gleichwertigen vertraglichen Leistungen ohne die Einwilligung nicht oder nicht in zumutbarer Weise möglich ist."[28]

Das Werbeeinverständnis darf nicht Voraussetzung für die Teilnahme am Gewinnspiel sein.

3 Sinn und Nutzen des E-Mail-Marketings

Um einen hohen Bekanntheitsgrad für ein Produkt oder eine Dienstleistung zu erreichen, ist E-Mail-Marketing nicht der beste Weg, da Anzeigen oder TV Spots mehr Kunden erreichen und damit reichweitestärker sind als das E-Mail-Marketing.

Sind die Daten der Kunden oder Interessenten weitgehend bekannt, stellt das E-Mail-Marketing eine sinnvolle Ergänzung für den Marketing Mix dar. Die Voraussetzung für den Einsatz des E-Mail-Marketings ist, dass der Kunde über einen Internetzugang verfügt. Der Internetzugang ist von besonderer Bedeutung, weil der Kunde erst über das Internet, E-Mails empfangen und senden kann. Eine weitere Voraussetzung des E-Mail-Marketings ist, dass der Anbieter solch interessante Themen rund um seine Produkte und Dienstleistungen identifiziert, sodass der Empfänger bereit ist dem Anbieter seine E-Mail Adresse mit der Einwilligung zur Zusendung dieser Informationen zu überlassen.

Zu den bereits identifizierten Themen können vom Anbieter immer wieder neue Informationen bereitgestellt werden. So kann der Anbieter E-Mail Marketing in Form von regelmäßigen E-Mail Aussendungen betreiben und das E-Mail-Marketing als Dialogmarketing-Instrument einsetzen.[29]

---

[25] Vgl. Kulka, R. (2013), S. 715.
[26] Ebd., S. 748.
[27] Vgl. ebd., S. 749.
[28] Ebd., S. 742.
[29] Vgl. Aschoff, M. (O. J.), Web.

4 Ziel- und Erfolgsfaktoren des E-Mail-Marketings

Die Erfolgspyramide im E-Mail-Marketing zeigt wie man durch E-Mail- Marketing eine effektivere Kundenbindung herstellen kann. In den folgenden Hinweisen wird erklärt welche Erfolgsfaktoren im E-Mail-Marketing von besonderer Bedeutung sind und welche Optimierungsmöglichkeiten eine Garantie für eine lange Kundenbindung darstellen.

1. Transparente An- und Abmeldeprozesse

   Nicht funktionsfähige Links für die Abmeldung eines Prozesses verstoßen gegen das Datenschutzrecht und führen zur Unzufriedenheit beim Benutzer. Die Folge daraus ist, dass solche Absender als Spam markiert werden und unbeachtet gelöscht werden. Die An- und Abmeldeprozesse sollten so einfach wie möglich zu nutzen sein. So kann der Anbieter dem Nutzer bzw. dem Kunden bereits beim Anmeldeprozess wichtige Informationen über die Datennutzung geben und damit das Vertrauen des Kunden stärken. So kann der Anbieter auch zusätzlich nach Interessensgebieten fragen, um den Leser individueller anzusprechen. Dies sollte allerdings keine Pflichtangabe des Kunden beim Anmeldeprozess sein. Sehr bedeutend ist die Nutzenformulierung. Der Nutzen, der dem Kunden geboten wird, muss klar und deutlich für ihn erkennbar sein. Zusätzlich muss eine Entscheidung darüber getroffen werden wie häufig die Kunden angeschrieben werden sollen. Ebenso sollte der Anmeldeprozess einfach durchzuführen sein. Dem Kunden kann die Frage gestellt werden, warum er sich abmeldet aber er sollte nicht daran gehindert werden, sich abzumelden. Aus den Kundenantworten können interessante Informationen gewonnen werden.

2. Willkommens-Mailings statt Standard Kommunikation

   Das Engagement, mit dem sich die Konsumenten einem Angebot zuwenden ist direkt nach der Anmeldung am stärksten. Der Anbieter sollte diese Chance nutzen und eine vertrauensvolle Kundenbeziehung aufbauen. So kann der Anbieter dem Kunden nach abgeschlossener Anmeldung ein Willkommensangebot per E-Mail zukommen lassen. Dabei sollen alle Informationen wie z. B. besondere Vorlieben, verwendet werden, die der Kunde bei der Registrierung preisgegeben hat. Darüber hinaus kann die Quelle, über die der Kunde auf das Newsletter-Angebot aufmerksam geworden ist, aufschlussreich sein, bezüglich der Interessen des Kunden. Eine Quelle kann das Keyword sein, das der Kunde in die Suchmaschine eingibt.

3. Verlängerung des Kundenlebenszyklus: Reaktivierung von inaktiven Newsletter- Abonnementen

   Mittels einer automatisierten Kampagne können Newsletter-Abonnementen, die nach einer bestimmten Zeit die E-Mails weder öffnen noch auf die Links klicken, reaktiviert werden. Der Anbieter kann diesen Kunden ein besonders ansprechendes Angebot zusenden oder durch eine Zufriedenheitsbefragung erneut die Aufmerksamkeit des Kunden auf das Angebot lenken. Reagiert der Kunde nicht darauf, können weitere E-Mailzusendungen an den Kunden erfolgen. In einer weiteren E-Mail kann der Anbieter den Kunden fragen ob seine Daten noch aktuell sind und ihn dazu auffordern die bisher eingegebenen Daten zu bestätigen oder abzuändern. Mittels dieser Methode konnte ein renommierter Fachverlag 9 Prozent aller inaktiven Abonnenten wieder reaktivieren. 1,8 Prozent der reaktivierten Abonnenten haben etwas gekauft.

4. Der Tatsache ins Auge blicken: Datenbankbereinigung

Sollte der Empfänger der E-Mail Nachrichten nicht auf die Mailings der Reaktivierungskampagne reagieren, sollten seine Daten auch nicht mehr Teil des Datenbestands sein. Insbesondere Datenleichen wie die Hardbounces[30][31] sollten aus den Adressbeständen gelöscht werden mit dem Zweck eine saubere Datenbasis zu erhalten. Diese ist wichtig für die Erfolgsmessung, denn nur durch eine saubere Datenbasis sind die Statistiken aussagekräftig.

5. Zielgruppenkonforme Kommunikation: Multivariates Testing

Die Mailings müssen Zielgruppenkonform sein, um das Interesse des Empfängers zu wecken. Der Empfänger entscheidet innerhalb der ersten 3 Sekunden ob er die ihm vorliegende Nachricht liest oder nicht. Der Zeitpunkt und die Betreffzeile sind in diesem Fall entscheidend. Hier gibt es keine allgemeingültige Formel, die zum Erfolg führt. Test aber zeigten, dass sich die Öffnungsrate verdoppelte, wenn der Empfänger in der Betreffzeile persönlich angesprochen wird oder ein Exklusivitätsfaktor geschaffen wird wie der folgende Inhalt: „Nur für Sie, Herr/Frau XY". Die für die jeweilige Zielgruppe am besten geeignete Ansprache lässt sich durch Tests erproben. Hierzu wird die Zielgruppe in repräsentative Testgruppen unterteilt und mit verschiedenen Betreffzeilen angeschrieben. So kann neben der optimalen Betreffzeile auch der am besten geeignete Versand-Zeitpunkt ermittelt werden.

6. Mehr Relevanz: Individualisierung und Profilierung

Die E-Mail ist für den Kunden umso relevanter je individueller bzw. kundenkonformer sie gestaltet ist. Das Interesse des Kunden diese E-Mail zu lesen sowie einen Kauf zu tätigen erhöht sich dadurch. Es gibt verschiedene Möglichkeiten für die Individualisierung und Personalisierung der E-Mail. Newsletter können durch eine Content-Individualisierung exakt an die Interessen des Kunden angepasst werden. Die Themen im Mailing werden nach Klickhäufigkeit ausgewählt. Je häufiger ein Leser einen Artikel in der

---

[30] Der Begriff Hardbounces bezeichnet eingehende E-Mails, die vom Server des Empfängers direkt abgelehnt wurden.
[31] Vgl. Strzyzewski, F. (O. J.), Web.

Rubrik anklickt, desto weiter oben erscheint ein Artikel zu diesem Thema in der Themenauflistung des Mailings. Außerdem können Mailings in ihrem Layout und Themenschwerpunkt an das jeweilige Geschlecht angepasst werden. Streuverluste können so vermieden und die Wahrscheinlichkeit einer Antwort des Empfängers erhöht werden.

7. Das Involvement der Empfänger mit (Trans-)Aktionsmailings nutzen

Mittels Transaktionsmailings kann der Herausgeber dem Kunden individuelle Kaufempfehlungen zukommen lassen. Die Kaufempfehlungen basieren auf den bisherigen Bestellungen des Kunden. Dabei müssen die Anforderungen des Datenschutzes beachtet werden. Neben den Transaktionsmailings haben Aktionsmailings eine ähnlich hohe Wirkung, denn diese haben einen persönlichen Bezug zum Empfänger. Unter Aktionsmailings fallen Mailings zum Namenstag oder Geburtstag.

8. Den Aufwand minimieren: Automatisierung von Prozessen

Durch die Automatisierung von Prozessen wird viel Zeit eingespart. Newsletter können aus dem bestehenden CMS erzeugt werden, E-Mails können automatisch getestet und optimiert werden. Die Individualisierung von E-Mails nach dem Klickprofil des Empfängers ist ebenso möglich. Solche Automatismen sparen Ressourcen und damit bares Geld ein, wenn ein Online-Shop oder ein CMS mit entsprechendem Inhalt vorhanden ist.

9. Ständige Optimierung: Aussagekräftige Erfolgskontrolle

Durch eine Erfolgskontrolle der E-Mail-Marketingmaßnahmen, können diese verbessert und die Werbewirkung erhöht werden. Der Erfolg einzelne Bestandteile kann detailgenau gemessen werden. Je regelmäßiger und detaillierter eine E-Mailkampagne kontrolliert wird, desto mehr Umsatz kann pro versendete E-Mail erwirtschaftet werden. Für die Erfolgskontrolle ist es von besonderer Bedeutung im 3-Schritt Verfahren vorzugehen:

1. Die wichtigsten Kennzahlen werden definiert
2. Die Kennahlen werden bei jeder E-Mail und bei jedem Newsletter gemessen
3. Die E-Mails werden optimiert

10. Refinanzieren Sie Ihre E-Mail-Kommunikation

Um den eigenen Internetauftritt zu refinanzieren, kann Fremdwerbung auf der eigenen Webseite geschaltet werden. Darüber hinaus können Newsletter verwendet werden, um die eigene E-Mail Kommunikation zu refinanzieren. Das Newsletter-AdManagement ermöglicht mit Hilfe eines Tools, der als AdServer funktioniert die automatische Einbindung der Werbemittel sowie eine automatische Erfolgskontrolle der Werbemittel.

Durch diese zehn Erfolgstreiber im E-Mail-Marketing können Firmen die Intensität ihrer Kundenbeziehungen stärken und ihre Umsatzzahlen erhöhen.[32]

5 Usability der E-Mail

Ein guter Aufbau und eine gute Benutzerführung werden bei E-Mails oft vernachlässigt. Im Folgenden stelle ich die Stolpersteine bei E-Mailings vor und zeige Vorschläge auf, um einen guten Aufbau sowie eine hohe Benutzerfreundlichkeit bei den E-Mailings zu erreichen.

Der Betreff

Aufgrund der E-Mail Flut mit der jeder Nutzer täglich zu kämpfen hat werden viele E-Mails nicht beachtet oder einfach übersehen. Deshalb muss eine E-Mail gezielt die Aufmerksamkeit des Empfängers erreichen. Das Ergebnis unterschiedlicher Studien ist, dass der Betreff das Entscheidungskriterium dazu ist ob der Empfänger die E-Mail öffnet oder nicht. Maximal 64 Zeichen sollte der Betreff enthalten und nicht mehr, da der Betreff ansonsten bei Webmail Clients abgeschnitten wird.[33]

600 Pixel Breite

Bei den meisten Webmail Clients gibt es eine fixe Maximalbreite für das Anzeigefenster. So müssen E-Mails, die die Breite von 600 Pixel überschreiten seitlich gescrollt werden.
Der Nachteil ist, dass der Mensch nicht die Fähigkeit besitzt lange Textzeilen schnell und fließend zu lesen. Weil die Fixation des Auges auf die nächste Zeile verhindert wird, verliert der Leser den Zeilensprung und hat eine schlechte Orientierung im Textblock. Diese Tatsache wurde erkannt als der Zeitungsdruck seinen Durchbruch feierte.[34]

51 Sekunden Lesezeit

Norman Nielson wies im Jahr 2006 nach, dass der durchschnittliche Leser von Newslettern 51 Sekunden für das Lesen einer E-Mail Nachricht aufwendet. Weiterhin lasen nur 19 Prozent der Studienteilnehmer die vollständige Nachricht.
Eine schnelle Lesbarkeit der E-Mail ist damit von besonderer Wichtigkeit. So kann die Nachricht inhaltlich folgendermaßen gestaltet werden: Eine persönliche Ansprache, ein kurzes Intro und ein klickbares Inhaltsverzeichnis. Zudem sollten die Inhalte gut gegliedert sein, um eine hohe Usability für den Leser zu erreichen.[35]

---

[32] Vgl. Wander, N. (2012), Web.
[33] Vgl. Schwarz, T. (2009), S. 193-196.
[34] Vgl. ebd., S. 193-196.
[35] Vgl. ebd., S. 193-196.

Bilder in E-Mails

Bilder sollten nur als Ergänzung in E-Mails verwendet werden. Denn je nach Schätzung sehen circa sechzig bis siebzig Prozent der Leser die Bilder erst nachdem sie diese heruntergeladen haben. Besteht eine E-Mail Nachricht fast nur aus Bildern, hält sich der Leser kaum mit der Nachricht auf, da dieser erstmal gar nichts sieht, bevor er die Bilder nicht heruntergeladen hat. Die Bilder werden meistens nicht automatisch in E-Mails angezeigt, weil E-Mail Clients aus Sicherheitsgründen die automatische Anzeige von Bildern in E-Mails unterdrücken.[36]

Zum Inhalt in E-Mails

Unter Usability wird der Mehrwert verstanden, den der Leser beim Lesen einer E-Mail hat. Ergibt sich kein Mehrwert für den Leser, so kann der Newsletter die Ablehnung des Lesers gegenüber dem Newsletter bewirken. Unter dem Mehrwert, werden wertvolle Inhalte im Newsletter für den Leser verstanden.[37]

Zum HTML-Format

Es gibt keine Standards für das Coding von E-Mails. Das Coding von E-Mails muss durch die fortlaufende Weiterentwicklung von Mail-Softwares und –Clients stetig den neuesten Bedingungen angepasst werden. Eine große Anzahl an Mail-Softwares und Webmail-Clients interpretieren den HTML-Code sehr unterschiedlich und fehlerhaft. Sodass sich das amerikanische „Email Standards Project" seit geraumer Zeit um die Definition allgemein gültiger Codes bemüht. Allerdings fehlt es an der Motivation für die Umsetzung, solange sich große Mailanbieter wie Gmail, Microsoft (Outlook) nicht dafür interessieren. Daraus folgt das Problem, dass die Nachricht bei den Empfängern der Newsletter unterschiedlich dargestellt wird.[38]

Plain Text

Manche Leser ziehen den Plain Text dem HTML-Format der E-Mail vor. Professionelle Newsetter-Systeme nutzen E-Mails als „Multipart"-Mails. Das sind E-Mails die die Nachricht gleichzeitig im HTML- und im Plain Text-Format beinhalten. So kann der Leser in einem nicht HTML-fähigen Client seine E-Mail im Plain Text-Format öffnen und lesen.[39]

Formelles

Im E-Mail-Marketing sind der Datenschutz und vor allem die Einwilligung des Empfängers wichtig, denn wer eine E-Mail zu erhalten wünscht, wird diese auch lesen.

---

[36] Vgl. Schwarz, T. (2009), S. 193-196.
[37] Vgl. ebd., S. 193-196.
[38] Vgl. ebd., S. 193-196.
[39] Vgl. ebd., S. 193-196.

In einer E-Mail sollten alle Informationen zum Absender der E-Mail, zur An- und Abmeldung, zur Datenänderung und zum Datenschutz vorzufinden sein. Außerdem muss eine Offline-Kontaktmöglichkeit im Impressum zu finden sein. Und der Leser muss auf leichte und schnelle Weise den E-Mail Newsletter abmelden können.[40]

Alles in allem bedeutet die Benutzerfreundlichkeit einer E-Mail, dass die Inhaltsverarbeitung sowie Anwendungen für den Leser so angenehm wie möglich gestaltet werden. Die Benutzerfreundlichkeit ist der Schlüssel zum Erfolg jeder E-Mail. Durch Beobachten sowie Testen kann herausgefunden werden welche Interessen und Vorlieben die Leser haben.[41]

6 Adressgewinnung und Pflege

Bei der Adressgewinnung gibt es einige Dinge zu beachten, um im Rechtsrahmen zu bleiben. Das Single-Opt-in Verfahren ist rechtlich bedenklich. Bei diesem Verfahren trägt der Kunde seine Adressdaten ein und erhält direkt eine Begrüßungsmail. Das Problem ist, dass Dritte die Daten Fremder eintragen können. Daher besteht für Unternehmen eine Double-Opt-in Pflicht d. h. der Kunde muss nach der Eingabe seiner Adressdaten in das Registrierfeld des betreffenden Unternehmens, seine Angabe nochmal bestätigen können. Dazu wird eine E-Mail an den Kunden geschickt mit der Bitte seine Daten zu bestätigen. In der Bestätigungsmail muss darauf hingewiesen werden, dass die Adressdaten an Dritte weitergegeben werden, sollte dies der Fall sein. Außerdem sollte die Bestätigungsmail keine Werbung enthalten. Der Grund ist, dass Gerichte den Versand von Double-Opt-in Mails bereits als Belästigung durch Werbung einstufen können. Neunzig Prozent der Adressgewinner haben bereits auf das Double-Opt-in Verfahren umgestellt. Das Single-Opt-in wird damit nur noch für die Eigennutzung der Adressdaten verwendet.[42]

Darüber hinaus soll die Einwilligungsklausel nicht die Tatsachen verschleiern. Die Klausel darf nicht mehr allgemein formuliert sein. Alle möglichen Verwender des Datensatzes sind namentlich aufzulisten sowie auch alle Wege, auf denen Werbung gestattet sein soll.[43]
Ein Formulierungsbeispiel dazu:

„Ja, ich bin damit einverstanden, dass meine Angaben vom Gewinnspielveranstalter [Name und Ort des Veranstalters] sowie von Sponsoren des Gewinnspiels für Werbezwecke (Telefonmarketing, E-Mail-Werbung und schriftliche Werbung) verarbeitet und

---

[40] Vgl. Schwarz, T. (2009), S. 193-196.
[41] Vgl. ebd., S. 193-196.
[42] Vgl. ebd., S. 151-152.
[43] Vgl. ebd., S. 151-152.

genutzt werden. Namentlich sind dies NamedesSponsors.de (Sponsorfirmierung GmbH, Firmensitz) und NameZwei GmbH, Ort. Diese Organisationen und Unternehmen dürfen mir Informationen, Angebote und Werbung (Telefonmarketing, E-Mail-Werbung und schriftliche Werbung) übermitteln. Ich kann mein Einverständnis jederzeit mit Wirkung für die Zukunft widerrufen."[44]

Durch die ausführlich formulierte Einwilligung ist dem Kunden ohne Zweifel klar, an wen und an wie viele Unternehmen seine Daten weitervermittelt werden. Durch diese Regelung wird verhindert, dass die Daten für alle möglichen Werbeaktionen genutzt werden.[45]

Laut Telemediengesetz ist die Kopplung einer Einwilligung in die Weitergabe der Adresse an die Teilnahmebedingungen verboten. Den Teilnahmebedingungen muss man aber zustimmen, um am Gewinnspiel teilnehmen zu können. Auch darf die Weitergabe der Adressdaten nicht in den Allgemeinen Geschäftsbedingungen versteckt werden.[46]

Adressenverkäufer (Adressbroker) müssen einen Datenschutzbeauftragten benennen, der nicht Mitglied in der Geschäftsführung ist. Auch muss er das Datenverarbeitungsverfahren definieren und den Ablauf bei der Datenschutzaufsichtsbehörde anmelden. Zusätzlich gehört es zu der Pflicht eines Adressbrokers ein Verfahrensverzeichnis zu führen sowie zu veröffentlichen. So sollten Adresskäufer dieses anfordern und der Händler dieses anbieten können.[47]

Über Adressverlage besteht die Möglichkeit an Adressen zu kommen, allerdings ist hier Vorsicht geboten. Denn die Adressbestände bei Offerten wie auf ebay.de, können aus geleakten oder gehackten Beständen diverser Onlinepräsenzen stammen oder sie sind einfach per Ernte-Programm im Netz aus Foren sowie Impressen zusammengetragen worden. Die Qualität ist minderwertig, denn keiner der Adressaten hat Ihnen gegenüber sein Werbeeinverständnis gegeben. Damit ist das Verschicken von Werbemails an diese Adressbestände in Deutschland rechtswidrig.[48]

Laut der MarketingSherpa-Befragung unter knapp 3000 Werbebetreibenden ist die effektivste Maßnahme zur Adresserhebung die Erhebung der Adresse während des Kaufprozesses.

---

[44] Schwarz, T. (2009), S. 152.
[45] Vgl. ebd., S. 152-154.
[46] Vgl. ebd., S. 152-154.
[47] Vgl. ebd., S. 152-154.
[48] Vgl. Kulka, R. (2013), S. 175-182.

Sechzig Prozent der Befragten beurteilten die Maßnahme als sehr effektiv. Eine weitere effektive Möglichkeit zur Datenerhebung ist die Erhebung der Daten während Online-Events wie z. B. Webinare und die Registrierungsseite auf einer Webseite. Weitere Möglichkeiten werden im Folgenden aufgeführt:

1. Bei der Registrierung eines Benutzerkontos empfiehlt es sich, das Registrierungsformular um ein Newsletter Ja/ Nein – Feld zu ergänzen.

2. Auch kann ein Hinweis inklusive Link zur Newsletter-Anmeldung an die E-Mail Signatur angehängt werden. Statt einer E-Mail, können auch Abwesenheitsnotizen, private Mitteilungen oder öffentliche Beiträge in sozialen Netzwerken wie Xing oder Facebook mit einer Signatur inklusive Link zur Newsletter-Anmeldung verwendet werden.

3. Auf Messen, Workshops, Schulungen und Seminaren gibt es Gelegenheiten Einverständniserklärungen für E-Mail-Werbung einzuholen.

4. Abonnenten können dazu motiviert werden ihren Newsletter an ihre Freunde Verwandte oder Bekannte weiterzuempfehlen. Dazu können Newsletter-Herausgeber jede Ausgabe mit einem Weiterempfehlen-Link abschließen. Beim Draufklicken führt dieser zu einem Eingabeformular, in das der Abonnent die Empfehlungsadresse eingeben kann. Außerdem können einzelne Artikel zum Weiterverlinken in sozialen Netzwerken angeboten werden. Persönliche Empfehlungen sind sehr wirksam und die Interessen der Zielpersonen sind ähnlich gelagert.

5. Brief- Faxvorlagen, postalische Sendungen, Flyer oder Werbeartikel können um eine weitere Zeile ergänzt werden mit dem Hinweis zum Abonnement eines Newsletters. Darüber hinaus gibt es viele weitere Möglichkeiten diesen Hinweis einzubinden: Rechnungs- oder Angebotsschreiben, Auftragseingang und Versandbestätigung, Präsentationen und Webinare.

6. Am Point-of-Sale, der örtlichen Filiale, können entsprechende Werbeplakate, Terminals bereitgestellt oder Anmeldeformulare ausgelegt werden. Um die Werbemaßnahme zu unterstützen sollte der Verkäufer beauftragt werden, die Kunden auf den Newsletter hinzuweisen und ihm gegebenenfalls helfen sich für den Newsletter anzumelden. Weitere Möglichkeiten auf den Newsletter hinzuweisen bieten sich durch die Auslage von Formularen beim Empfang im Büro, durch den Druck des Links auf Servietten in Restaurants, auf Bierdeckeln et cetera an.

7. Call-Center-Agenten können auch darauf hingewiesen werden, den Kunden, auf den Newsletter der Firma aufmerksam zu machen und ihn bei der Registrierung anzuleiten. Zusätzlich kann ein Hinweis auf den Newsletter durch die Ansage vom Band gegeben werden. Auch können mobile Applikationen um einen Link zur Newsletter- Anmeldung ergänzt werden oder Quick-Response-Codes (QR-Codes) erstellt werden. QR-Codes können durch das Smartphone des Interessenten eingescannt werden und zu einer Newsletter-Anmeldung führen.

8. Gewinnspiele können veranstaltet werden, um an qualitative Adressen zu kommen. Dazu kann bei der Adressangabe durch den Interessenten am Ende der Seite ein Kreuz zum Einverständnis einer Newsletter-Anmeldung gesetzt werden.

9. Anzeigen können auch durch Sponsoring auf Webseiten Dritter, Suchmaschinen oder in sozialen Netzwerken geschaltet werden.

10. Spezielle Anbieter für Video-Marketing können Videoclips direkt mit einem Formular zur Newsletter-Anmeldung verknüpfen. Sobald das Ende eines Videoclips erreicht wurde, wird das Formular, das sich im Videocontainer des Videoelements befindet, angezeigt. Videoclips können z. B. auf Seiten wie „youtube" veröffentlicht werden.[49]

7 Vorteile des E-Mail-Marketings

Im Folgenden werden die wichtigsten Vorteile des E-Mail-Marketings gegenüber dem klassischen Direktmarketing auf dem Postweg, dargestellt:

Geringe Kosten

Aufgrund der rein digitalen Produktionsschritte, werden Materialien wie Papier oder Kuverts sowie der Zeitaufwand für den Druck, die Kuvertierung erspart. Außerdem fallen die Versandkosten viel geringer aus.[50]

Hohe Geschwindigkeit

Die Zustellung einer E-Mail erfolgt innerhalb weniger Minuten während beim klassischen Direktmarketing durch den Postweg, die Zustellung meist mehrere Tage dauert. Zusätzlich fallen beim Email-Marketing Zwischenschritte und Handlingarbeiten bei der Produktion weg (Druck, Kuvertierung).[51]

---

[49] Vgl. Kulka, R. (2013), S. 175-182.
[50] Vgl. Kornfeld, M. (O. J.), Web.
[51] Vgl. Kornfeld, M. (O. J.), Web.

Einfaches Handling

Die Empfängerverwaltung, die Kreation der Inhalte des Newsletters, die Erstellung und der Versand können alle bequem vom Schreibtischstuhl aus erledigt werden.[52]

Bessere Erfolgskontrolle

Über professionelle E-Mail-Marketing Tools können Informationen und Kennzahlen über den Erfolg der eigenen E-Mail-Marketing-Kampagne beschafft werden. Es wird beispielsweise untersucht wie viele E-Mails tatsächlich durch den Kunden geöffnet wurden, auf welche Links geklickt wurde, welche Bestellungen aufgrund des Newsletters getätigt wurden. Dies kann das klassische Direktmarketing in dieser Form nicht anbieten.[53]

Interaktivität

Über E-Mail-Marketing kann der Empfänger durch einen weiterführenden Link auf der Unternehmenswebseite, durch ein Feedbackformular, durch das Impressum etc. mit dem entsprechenden Unternehmen direkt Kontakt aufnehmen.[54]

Erweiterbar

In einer E-Mail müssen nicht alle Informationen aufgelistet werden. Informationen können kurz und knapp dargestellt werden. Durch einen Teaser mit Hinweis auf einen Link kann dem Leser die Möglichkeit geboten werden, weiterführende Informationen auf der Webseite des Unternehmens zu lesen. So kann der Leser gezielt selbst die Informationen einholen, die für ihn relevant ist und wird nicht gleich mit Informationen erschlagen.[55]

Keine Streuverluste

Dadurch, dass sich die Kunden aktiv für den Newsletter anmelden, um die gewünschten Informationen zu erhalten, reduzieren sich die Streuverluste. Wenn die Kunden den Newsletter nicht mehr erhalten wollen, haben diese die Möglichkeit das Abonnement zu kündigen.[56]

Raum für Experimente

---

[52] Vgl. ebd., Web.
[53] Vgl. ebd., Web.
[54] Vgl. ebd., Web.
[55] Vgl. ebd., Web.
[56] Vgl. ebd., Web.

Durch das einfache Handling lassen sich Experimente durchführen, indem z. B. variierte Mailings an bestimmte Zielgruppen verschickt werden. Hierbei kann überprüft werden welche Variation am besten bei der jeweiligen Zielgruppe ankommt. Die Experimente helfen dabei den Newsletter zu optimieren.[57]

Größerer Rücklauf

Da sich die Empfänger für den Newsletter entschieden haben, indem sie sich dafür angemeldet haben, ist der Rücklauf höher als beim klassischen Direktmarketing.[58]

Einfache Aktualisierung der Datenbank

Durch ein entsprechendes Formular kann dem Empfänger die Möglichkeit geboten werden, seine Daten selbst zu aktualisieren. So ist die Datenbank des betreffenden Unternehmens länger aktuell und die Datenbasis muss mit weniger Aufwand gewartet werden.[59]

Höherer ROI

Aufgrund des höheren Rücklaufs im Vergleich zum klassischen Direktmarketing, ist auch das ROI dementsprechend besser.[60]

8 Fazit

E-Mail-Marketing ist eine Form des Direktmarketings und wird eingesetzt, um Interessenten auf neue Produkte des Unternehmens oder auf Informationen aus dem unternehmerischen Umfeld aufmerksam zu machen. In der Regel wird dazu ein Newsletter an den jeweiligen Interessenten verschickt. Das Ziel ist neue Kunden zu gewinnen und bestehenden Kundenbeziehungen zu festigen. Beim Versenden von E-Mails an Kunden sind stets die gesetzlichen Vorgaben zu beachten, denn E-Mails dürfen nur nach vorherigem Einverständnis des Kunden versendet werden. Dieses gibt er bei seiner Registrierung ab. Ziel des E-Mail-Marketings ist es, einen Platz im Gedächtnis des Kunden zu erhalten. Dies erfolgt durch das regelmäßige versenden von Newslettern. Dabei müssen einige Erfolgsfaktoren beachtet werden, die in Kapitel 4 erläutert werden. Um einen hohen Bekanntheitsgrad für ein Produkt oder eine Dienstleistung zu erreichen, ist E-Mail-Marketing allerdings nicht der beste Weg, da Anzeigen oder TV Spots mehr Kunden erreichen und damit reichweitestärker sind als das E-Mail-Marketing.

---

[57] Vgl. Kornfeld, M. (O. J.), Web.
[58] Vgl. ebd., Web.
[59] Vgl. ebd., Web.
[60] Vgl. ebd., Web.

Sind die Daten der Kunden oder Interessenten weitgehend bekannt, stellt das E-Mail-Marketing eine sinnvolle Ergänzung für den Marketing Mix dar. Die Voraussetzung für den Einsatz des E-Mail-Marketings ist, dass der Kunde über einen Internetzugang verfügt. Der Internetzugang ist von besonderer Bedeutung, weil der Kunde erst über das Internet, E-Mails empfangen und senden kann. Eine weitere Voraussetzung des E-Mail-Marketings ist, dass der Anbieter solch interessante Themen rund um seine Produkte und Dienstleistungen identifiziert, sodass der Empfänger bereit ist dem Anbieter seine E-Mail Adresse mit der Einwilligung zur Zusendung dieser Informationen zu überlassen. Denn wie bereits erwähnt dürfen E-Mails nur nach vorherigem Einverständnis des Kunden versendet werden. Die Inhaltsverarbeitung sowie Anwendungen für den Leser sollten so angenehm wie möglich gestaltet werden. Die Benutzerfreundlichkeit ist der Schlüssel zum Erfolg jeder E-Mail. Für die Unternehmen bietet das E-Mail-Marketing im Vergleich zum klassischen Direktmarketing erhebliche Vorteile. Die Vorteile sind in Kapitel 7 dargestellt.

Literaturverzeichnis

Aschoff, Martin (O. J.), Web: Wann macht E-Mail-Marketing Sinn? http://www.der-newsletter-experte.de/wann-macht-e-mail-marketing-sinn/ [02.01.2015].

Kornfeld, Michael (O. J.), Web: Die wichtigsten Vorteile von E-Mail Marketing auf einen Blick, http://www.dialog-mail.com/_grundlagen/emarketing-vorteile.php [29.01.2015].

Kulka, René (2013): E-Mail-Marketing, 1. Auflage, Heidelberg 2013.

Lackes, Richard (2011), Web: E-Mail, http://wirtschaftslexikon.gabler.de/Definition/e-mail.html [02.01.2015].

Leipner, Ingo (O. J.), Web: Was ist eigentlich Push- und Pull-Marketing? http://www.foerder-land.de/itoffice/marketing/kommunikation/push-und-pull-marketing/ [29.01.2015].

Müller, Denis (O. J.), Web: Was ist E-Mail-Marketing? http://www.omkt.de/email-marketing-definition/ [28.01.2015].

Schwarz, Torsten (Hrsg.): Leitfaden E-Mail Marketing 2.0, Waghäusel 2009.

Schwarz, Torsten (2015), Web: Zahlen zu E-Mail-Marketing, http://www.absolit.de/studien-zahlen.htm [29.01.2015].

Statista (2014), Web: Umfrage zur Nutzungshäufigkeit ausgewählter Online-Dienste in Deutschland 2014, www.statista.de [29.01.2015].

Stockmeier, Steve (2014), Web: eMail-Newsletter: Vom Konzept zur erfolgreichen Umsetzung, http://www.selbstaendig-im-netz.de/2014/08/13/marketing/email-newsletter-vom-konzept-zur-erfolgreichen-umsetzung/#more-9352 [28.01.2015].

Strzyzewski, Frank (O. J.), Web: Was ist der Unterschied zwischen Soft und Hard Bounces? http://www.xqueue.de/was-ist-der-unterschied-zwischen-soft-und-hard-bounces.html [30.01.2015].

Wander, Natalie (2012), Web: Die Erfolgspyramide im E-Mail-Marketing: 10 Tipps für effektivere Kundenbindung, http://www.marconomy.de/marketing-management/articles/394096/ [02.01.2015].